CONSEILS POUR L'ÉTABLISSEMENT

DES

BIBLIOTHÈQUES COMMUNALES

PAR

JEAN MACÉ,

SECRÉTAIRE DE LA COMMISSION DE LA BIBLIOTHÈQUE COMMUNALE
DE BEBLENHEIM.

PRIX : 20 CENTIMES.

PARIS
CHEZ HETZEL, ÉDITEUR
rue Jacob, 18.
1864.

CONSEILS

POUR

L'ÉTABLISSEMENT DES BIBLIOTHÈQUES COMMUNALES.

Le plus difficile en toute chose est de commencer, surtout quand les précédents manquent pour guider ceux qui commencent. L'idée des bibliothèques communales est trop nouvelle encore dans ce pays pour qu'on ait eu le temps de se familiariser avec elle, et les obstacles que rencontre sa réalisation doivent paraître à beaucoup plus grands qu'ils ne sont. Je voudrais faire profiter ceux qu'ils pourraient effrayer du commencement d'expérience que me donne en pareille matière un an de pratique à Beblenheim, et engager par là les hommes dévoués à la cause de l'instruction populaire, qui ont déjà commencé des bibliothèques dans les fabriques et les communes, à dire aussi ce qu'ils ont fait et ce qu'ils ont appris.

Les ressources de toute nature abondent dans les villes, et là l'initiative appartient à qui veut la prendre. Ceux qui s'y mettront en avant, verront eux-mêmes comment il faudra procéder. Dans les communes rurales, l'initiative semble revenir de droit au maire et à l'instituteur, qui seront presque partout les deux pivots de la commission communale : le premier comme président-né en quelque sorte, le second comme secrétaire-bibliothécaire.

Qu'ils réunissent d'abord autour d'eux quelques-uns des hommes les plus éclairés de la commune et qu'ils constituent une commission bénévole qui présentera une demande au Conseil municipal, à l'effet d'obtenir de lui le vote d'une bibliothèque, pour la commune, et, pour elle-même, une existence officielle, en se faisant charger par lui de l'administration de cette bibliothèque.

Si les membres de la Commission pouvaient former entre eux un premier fonds de livres qu'ils offriraient à la commune, ce serait à la fois un argument à l'appui de leur demande et un exemple donné aux habitants de la commune qui s'intéresseront bien davantage au développement de la bibliothèque, et seront bien mieux disposés à en faire usage quand ils auront contribué personnellement à sa formation. Les Conseils municipaux auront assurément à voter des fonds; mais il sera bon de ne pas s'en tenir là. Les progrès de l'institution seront toujours plus rapides dans les communes où l'on sera parvenu à faire circuler une liste de souscription, et à recueillir des dons en livres ou en argent.

Qu'on ait un local spécial affecté à la bibliothèque, c'est une chose très-désirable, à laquelle on arrivera certainement partout; mais ce n'est pas une condition indispensable pour commencer. En parcourant les pièces de l'enquête qui vient de s'ouvrir dans le Haut-Rhin par les soins du Comité de la Société des bibliothèques communales, j'y ai trouvé plusieurs lettres de maires qui ajournent l'établissement de la bibliothèque à l'époque de l'agrandissement de la maison d'école, ou même à celle de la construction d'une nouvelle maison d'école. C'est un ajournement qui peut devenir indéfini et qui n'a rien de nécessaire, les livres devant être emportés à domicile dans les campagnes, où présentement des salles de lecture seraient peu fréquentées. La bibliothèque de Beblenheim, qui compte déjà plus de 700 volumes, a son armoire installée dans un corridor de la maison d'école, ce qui ne gêne en rien son fonctionnement, et elle fonctionnait déjà même avant l'armoire. Pendant qu'on faisait l'armoire, les premiers livres sont restés alignés sur une planche, où les premiers lecteurs sont venus les chercher. Mieux vaut encore, comme point de départ, avoir des livres sans armoire qu'une armoire sans livres, comme il en existe dans certaines communes du Haut-Rhin, où l'on a voté docilement les 60 fr. d'armoire, spécifiés dans l'invitation de l'autorité, sans aller plus loin, et où le meuble attend qu'on le fasse servir à l'instruction des habitants de la commune, auxquels naturellement il n'apprend rien.

Le seul détail accessoire qui me paraisse essentiel au début, c'est un cachet à poser sur les livres. L'apposition du cachet donne sur-le-champ au livre un caractère particulier, le rend plus respectable, si je puis m'exprimer ainsi, et le garantit presque, à la campagne, contre tout risque de s'égarer. L'un des maires qui ont donné leur avis dans l'enquête dont je parlais tout à l'heure, se montre peu favorable à l'établissement d'une bibliothèque dans sa commune, « attendu que les ouvrages peuvent être facilement égarés, ce qui est arrivé dans des communes où il en a existé. » Cela ne serait probablement pas arrivé si les livres avaient porté le cachet de la bibliothèque, et surtout si l'on avait inscrit régulièrement sur un registre les sorties et les rentrées.

Je me suis servi du mot *registre;* mais il ne faut pas qu'on se fasse une idée trop imposante de ce mot là. Une main de papier suffira, et largement, à toutes les écritures nécessaires au commencement. Elle a suffi jusqu'à présent au bibliothécaire de Beblenheim qui distribue présentement en moyenne, par ces grands froids, dix volumes par jour, et dont les registres sont parfaitement tenus.

Ils se composent de deux minces cahiers contenant :

L'un, le catalogue des livres, chacun avec son numéro d'arrivée, le titre de l'ouvrage et le nom de l'auteur, le nombre de volumes et le format, et enfin le nom du donateur, le tout disposé sur quatre colonnes ;

L'autre, le numéro d'ordre du livre prêté, le nom de l'emprunteur, la date de la sortie, et, sur une quatrième colonne, celle de la rentrée.

Ajoutez à cela un petit carnet de caisse, sur lequel s'inscrivent en regard les recettes et les dépenses, et qui en est, je crois, à sa troisième page : voilà tout. Il n'y a pas là de quoi fatiguer beaucoup le bibliothécaire, ni mettre en frais la commune.

J'ai omis à dessein une des colonnes de notre registre des entrées et des sorties. Celle-là est facultative, et chaque commission devra décider s'il lui convient, ou non, de l'établir. On y inscrit les cinq centimes de location qui sont payés pour chaque volume emporté. La commission de Beblenheim a jugé, en raison des idées régnantes dans la commune, que la gratuité donnerait moins de valeur aux livres de la bibliothèque, et a fixé un prix de location, se réservant d'en dispenser plus tard ceux qui en feraient la demande. Jusqu'à présent cette demande n'a pas encore été faite. La commission de Dornach s'est arrêtée à un abonnement de trois francs par an, et cette combinaison a réussi. A Sundhoffen, dans le canton d'Andolsheim, le prêt des livres est gratuit, et le bibliothécaire, homme très-intelligent et très-dévoué, m'a dit lui-même qu'ils auraient sans cela moins de chances d'être lus. On ne saurait donner ici de règles fixes. C'est évidemment une question à décider sur place, en s'inspirant d'une considération qui doit primer tout, celle de créer à la bibliothèque le plus de lecteurs possibles.

Un des stimulants les plus efficaces pour faire lire les livres, c'est très-certainement d'en faire circuler le catalogue dans la commune. Des copies à la main ne seront pas très-longues à faire dans les commencements. Quand le catalogue aura pris un certain développement, et que le nombre des lecteurs augmentera avec celui des livres, ce qui ne manquera jamais d'arriver, il serait à désirer, pour ne pas détourner les fonds de la caisse bibliothécale de leur véritable destination, qu'un des habitants aisés se chargeât de le faire imprimer. Tiré à 100 exemplaires pour 4 à 500 volumes, c'est un cadeau d'une vingtaine de francs qui ne ruinera personne. Les livres cachés dans une armoire demeurent inconnus aux lecteurs, qui sont obligés d'avoir recours aux indications du bibliothécaire. Quand ils en auront les titres sous les yeux, ils pourront choisir eux-mêmes, et la curiosité s'éveillera dans plus d'un cas, à la simple inspection du titre. J'en parle ici par expérience. La demande de livres a pris une extension subite à Beblenheim, immédiatement après la distribution dans la commune du catalogue imprimé.

J'arrive au point le plus important sans contredit, et en même temps le plus délicat, aux conseils à donner sur le choix des livres. Le sujet est d'autant plus scabreux qu'il y a dessous une question d'argent, non pas, il est vrai, pour le donneur de conseils, mais au moins pour les fournisseurs de livres désignés par lui. La clientèle en perspective de toutes les communes de France, a quelque chose d'assez séduisant pour éveiller des ambitions dans la librairie française, habituée jusqu'à présent à opérer sur une échelle assez misérable, en dehors des affaires de livres de classe et d'église, et je conçois qu'on cherche d'avance à s'emparer d'un marché qui peut atteindre de pareilles proportions. Les plans ne vont pas manquer, ni les offres de services : un monopole aussi lucratif vaut bien quelques frais d'imagination. L'on m'a fait l'honneur de m'envoyer ces jours-ci, un *Mémoire à sa Majesté l'Empereur*, d'une naïveté adorable, où l'auteur prend l'engagement de livrer trois cents volumes en trois ans, soit deux volumes par semaine, livrés à 50,000 exemplaires, à raison de deux francs le volume, pourvu que l'État consente « *à lui accorder personnellement, et* A LUI SEUL, *le privilége de fournir les bibliothèques municipales*, » le Ministère des finances se chargeant de ses rentrées de fonds. S'engager à gagner une cinquantaine de mille francs, au bas mot, par semaine pendant trois ans, c'est un engagement que tout le monde prendrait volontiers, et l'on peut croire l'entrepreneur sur parole quand il se déclare prêt à renouveler le bail tant qu'on voudra.

C'est aux commissions communales qu'il appartient de couper court à toutes les tentatives de l'intérêt privé, en s'imposant la loi de dresser elles-mêmes leurs listes, et d'en chercher partout les éléments.

Je ne voudrais pas leur dire de repousser tous les conseils, et c'est si peu mon intention que je vais moi-même leur en donner. Mais un conseil, en fait de livres, ne représente jamais que l'avis de celui qui le donne, avis même non applicable à tous les cas. Chacun a ses préférences littéraires, ses habitudes d'esprit, ses appréciations personnelles, qui ne sauraient s'imposer d'une façon absolue, et de plus ce qui peut convenir à une commune peut très-bien ne pas convenir à une autre. Enfin l'on ne peut parler légitimement que de ce qu'on a lu et qu'on connaît, et qui oserait se vanter de tout connaître, d'avoir tout lu? Il le faudrait pourtant si l'on avait la prétention de savoir exactement ce qui doit entrer de prime abord dans la composition d'une bibliothèque populaire.

C'est en m'abritant sous toutes ces réserves que je me décide à proposer, à titre de renseignement, aux commissions communales une liste de livres dans laquelle elles pourront choisir ce qui leur paraîtra le meilleur pour leur personnel de lecteurs.

Cette liste au surplus n'est qu'une pièce tirée des archives de la bibliothèque de Dornach. C'est la facture des livres français[1] commandés pour elle par M. Engel-Dollfus qui l'a fondée. Nous l'avons dressée ensemble, M. Engel-Dollfus avec le souvenir des lectures faites dans sa famille, moi avec celui de mes lectures personnelles, et de celles que je fais depuis douze ans à la grande famille dont je suis chargé de former l'esprit.

Expédié le 9 novembre 1863 à M. Engel-Dollfus, à Dornach[2].

		Fr. C.
SAINTINE	Picciola, 1 vol. in-18	3 50
SYLVIO PELLICO. . . .	Mes prisons, 1 vol. in-18.	3 —
MANZONI.	Les fiancés, 1 vol. in-18	3 50
XAVIER DE MAISTRE . .	Œuvres complètes, 1 vol. in-18	3 50
GOLDSMITH	Le vicaire de Wakefield, 1 vol. in-18 . .	3 50

[1] Plusieurs membres de la Société des Bibliothèques communales s'occupent en ce moment d'établir des relations avec la librairie allemande. Ils publieront très-certainement une liste de livres, avec l'indication du prix auquel on pourra en faire l'acquisition.

[2] Les prix portés sur cette facture ont subi une réduction de 25 0/0, réduction qui est acquise dès à présent aux commandes des bibliothèques communales, grâce à la généreuse entremise d'un libraire de Paris, membre de la Société, en attendant que les démarches faites directement auprès des éditeurs, aient obtenu d'eux une remise de 30 0/0, ou même plus, s'il y a lieu.

		Fr. C.
Topffer.	Nouvelles genévoises, 1 vol. in-18 . . .	3 50
Gotthelf	Nouvelles bernoises, 1 vol. in-18 . . .	3 50
Ida Pfeiffer.	Voyage d'une femme autour du monde, 2 vol. in-18.	7 —
Vulliet.	Scènes et aventures de voyage, 5 vol. in-18.	10 —
»	Géographie physique, 3 vol. in-18 . . .	7 50
»	Esquisse d'une géographie physique de la France, 1 vol. in-18	2 50
Benjamin Franklin . .	La vie des animaux, 6 vol.	23 —
Charton.	Les voyageurs anciens et modernes, 4 vol. in-8°	24 —
Esquiros	L'Angleterre et la vie anglaise, 3 vol. in-18.	9 —
Jules Verne	Cinq semaines en ballon, 1 vol. in-18. .	3 —
Erckmann-Chatrian. .	Le fou Yégoff, 1 vol. in-18	3 —
Antonin Roche	Histoire des principaux écrivains français, 2 vol. in-18.	6 —
Duruy	Abrégé de l'histoire de France, 2 vol. in-18	7 50
Émile Souvestre . . .	Le philosophe sous les toits, 1 vol. in-18.	1 —
»	Scènes de la vie intime, 1 vol. in-18 . .	1 —
»	Souvenirs d'un vieillard, 1 vol. in-18 . .	1 —
»	Les derniers paysans, 1 vol. in-18 . . .	1 —
»	Les soirées de Meudon, 1 vol. in-18 . .	1 —
»	Scènes et récits des Alpes, 1 vol. in-18 .	1 —
Félix Mornand. . . .	La vie arabe, 1 vol. in-18	1 —
Lomat	Captivité de l'amiral Bonnard et de l'amiral Bruat en Algérie, 1 vol. in-18 . .	3 —
Fromentin.	Un été dans le Sahara, 1 vol. in-18 . .	3 —
Berchère	Le désert de Suez, 1 vol. in-18.	3 —
Jurien de la Gravière.	Mémoires d'un amiral, 2 vol. in-18. . .	7 —
Baron de Wogan . . .	Voyages et aventures, 1 vol. in-18. . .	3 —
Jules Gérard	Le tueur de lions, 1 vol. in-18.	2 —
Gerstaecker	Aventures d'une colonie d'émigrants en Amérique, 1 vol. in-18.	1 —
»	Les pirates du Mississipi, 1 vol. in-18 .	2 50
Mme Beecher Stowe. .	La case de l'oncle Tom, 1 vol. in-18 . .	2 50
Lamartine.	Lectures pour tous, 1 vol. in-18	3 50
Michelet	L'oiseau, 1 vol. in-18	3 50
»	L'insecte, 1 vol. in-18	3 50
Cervantes.	Don Quichotte, 1 vol. in-18.	3 —
Mérimée.	Columba, 1 vol. in-18	3 50

		Fr. C.
MÜLLER	La Mionette, 1 vol. in-18.	3 —
»	Madame Claude, 1 vol. in-18	3 —
JULIETTE LAMBERT. . .	Récits d'une paysanne, 1 vol. in-18 . .	3 —
CHARLES DICKENS. . .	Nicolas Nickleby, 2 vol. in-18	5 —
»	La petite dorrit, 2 vol. in-18	5 —
»	David Coppefield, 2 vol. in-18	5 —
N.	La chaîne des Marguerites, 2 vol. in-18.	7 —
N.	Violette, 1 vol. in-18.	2 50
N.	Augustin, 1 vol. in-18	2 —
ALFRED DE BRÉHAT . .	Les aventures d'un petit Parisien, 1 vol. in-18	3 —
MAYNE-REID	A la mer, 1 vol. in-18	2 —
»	A fond de cale, 1 vol. in-18.	2 —
»	Les chasseurs d'ours, 1 vol. in-18 . . .	2 —
»	Le chasseur de plantes, 1 vol. in-18 . .	2 —
»	Les exilés dans la forêt, 1 vol. in-18 . .	2 —
»	Les vacances des jeunes Boers, 1 vol. in-18.	2 —
»	Les peuples étranges, 1 vol. in-18 . . .	2 —
»	Veillées de chasse, 1 vol. in-18	2 —
»	Voyage dans les glaces, 1 vol. in-18 . .	2 —
EUGÈNE NOEL.	La vie des fleurs, 1 vol. in-18.	1 —
ALEXANDRE BERTRAND .	Lettres sur les révolutions du globe, 1 vol. in-18	3 50
FIGUIER.	Le savant du foyer, 1 vol. in-8°	10 —
JANIN.	Bateaux à vapeur et chemins de fer, 1 vol. in-18	3 50
N.	La vie de village en Angleterre, 1 vol. in-18	3 50
CH. BONSEPT	Le colon de Van Diemen, 3 vol. in-18. .	7 50
ÉLISABETH WETHERELL.	Le vaste monde, 1 vol. in-18	3 50
COOPER	Le dernier des Mohicans, 1 vol. in-18. .	3 —
»	Le pionnier, 1 vol. in-18	3 —
»	La prairie, 1 vol. in-18.	3 —
»	Le corsaire rouge, 1 vol. in-18.	3 —
WALTER-SCOTT	Quentin Durward, 1 vol. in-18.	3 —
»	Guy Mannering, 1 vol. in-18	3 —
»	L'antiquaire, 1 vol. in-18.	3 —
»	Ivanhoé, 1 vol. in-18.	3 —

J'ajouterai à cette liste, toujours à titre de renseignement, celle des livres qui viennent d'être offerts en prime aux communes qui, à dater du 29 novembre 1863, auront établi les premières des bibliothèques communales. Ce qui a été jugé bon pour elles par les donateurs pourra servir aussi aux autres.

Bibliothèque du cultivateur[1].

SCHWARTZ	Manuel de l'agriculteur commençant, 1 vol. in-18.
BORIE.	Travaux des champs, 1 vol. in-18.
LEFOUR	Culture générale et instruments aratoires, 1 vol. in-18.
COMTE DE GASPARIN . .	Fermage, 1 vol. in-18.
LEFOUR	Sol et engrais, 1 vol. in-18.
COMTE DE GASPARIN . .	Métayage, 1 vol. in-18.
FOUQUET.	Engrais et amendements, 1 vol. in-18.
»	Fumiers de ferme et composts, 1 vol. in-18.
LEFOUR	Animaux domestiques, 1 vol. in-18.
GAYOT	Achat du cheval, 1 vol. in-18.
MARQUIS DE DAMPIERRE.	Races bovines, 1 vol. in-18.
VILLEROY	Manuel de l'éleveur de bêtes à cornes, 1 vol. in-18.
MAGNE	Choix de vaches laitières, 1 vol. in-18.
Mme MILLET ROBINET .	Basse-cour, pigeons et lapins, 1 vol. in-18.
GAYOT	Poules et œufs, 1 vol. in-18.
LEFOUR	Constructions et mécanique agricoles, 1 vol. in-18.
»	Comptabilité et géométrie agricoles, 1 vol. in-18.

Bibliothèque nationale[2].

Voyage autour de ma chambre, 1 vol. in-32.
Voyage de Gulliver, 2 vol. in-32.
Histoire de Charles XII, 2 vol. in-32.

[1] La librairie agricole, qui édite cette bibliothèque, ayant consenti à une remise de 30 0/0 en faveur des bibliothèques communnales, chacun des volumes énumérés ci-dessus, coté à 1 fr. 25 c., reviendra à 92 c.

[2] La Société de la Bibliothèque-Nationale a été formée par les ouvriers de l'imprimerie Dubuisson, à Paris. Les souscripteurs, au nombre de 120, ont versé un franc par semaine, jusqu'à concurrence de la somme nécessaire pour couvrir les frais d'une série de volumes qu'ils vendent 25 c., c'est-à-dire à peu de chose près au prix de fabrication. C'est un exemple de dévouement persévérant qui méritait d'être mis sous les yeux de ceux qui s'intéressent aux progrès de l'instruction populaire.

HENRI DUNANT . . . . Un souvenir de Solférino, 1 vol. in-18.
JEAN MACÉ. . . . . . . Histoire d'une bouchée de pain, 1 vol. in-18.
ERCKMANN-CHATRIAN. . Le fou Yégoff, 1 vol. in-18.
» . . . . Madame Thérèse, 1 vol. in-18.
DAVIN. . . . . Les Bluets, 1 vol. in-18.
CHARLES THIERRY-MIEG. Six semaines en Algérie, 1 vol. in-18.
MATHIAS BISSLER . . . Cours d'agriculture, de viticulture et de jardinage, 1 vol. in-18.
RADU. . . . . Instruction élémentaire, 1 vol. in-8°.
Le vétérinaire des campagnes, 1 vol. in-18.
BABINET. . . . . . . Atlas primaire de Géographie (Haut-Rhin).
RONDELET . . . . . . Mémoires d'Antoine.

Et, pour terminer, nous dirons que toutes les commissions communales peuvent puiser hardiment dans la collection du *Magasin pittoresque* dont les 31 volumes, qui se vendent séparément, forment sans contredit l'ensemble le plus complet et le plus irréprochable de lectures instructives qui existe dans toute la librairie française. C'est là une réputation assez universellement établie pour qu'on puisse se croire en droit d'échapper, en la rappelant, à tout soupçon de partialité.

En dehors de ces indications, il reste assurément une foule de livres qui peuvent figurer avantageusement dans les bibliothèques communales. Nous sommes plus riches qu'on ne veut bien le dire en livres propres à instruire le peuple, et à l'intéresser en le moralisant. Ceux qui voudront se donner la peine de chercher en découvriront tous les jours de nouveaux, et les entrepreneurs à forfait de lectures populaires n'arriveront pas facilement à remplacer du premier coup tout ce qui a été fait avant eux.

Je sais qu'il est malaisé dans les campagnes de se procurer tous les catalogues dans lesquels on pourrait puiser, et encore faut-il s'attendre à les voir se présenter d'eux-mêmes, une fois qu'il sera dit que les campagnes achètent des livres ; mais les premiers renseignements ne manqueront jamais à qui voudra s'informer, et je puis indiquer pour les achats courants une source de renseignements qui est sous la main de tout le monde. J'en ai profité plus d'une fois. Dans toutes les grandes gares de chemins de fer il existe des dépôts de livres qui peuvent en général aller partout. Qui empêche les membres des Commissions, à chaque fois que leurs affaires les appelleront à la ville, de consacrer à l'examen de ces livres le quart d'heure d'attente que nous payons tous à l'exactitude impitoyable des chemins de fer? Ce ne serait pas une mauvaise habitude à prendre pour un homme qui s'intéresserait au bien de sa commune, que celle d'y rapporter de temps en temps un livre qui lui aurait paru bon à faire lire à ses concitoyens. Or ces volumes ont presque invariablement sur le dos de leur couverture une sorte de catalogue condensé que l'on pourra toujours consulter avec fruit. En répartissant ses achats sur plusieurs éditeurs, on aurait bientôt une collection de renseignements plus que suffisante pour alimenter convenablement les bibliothèques communales.

La maison Hachette, à qui appartiennent ces bibliothèques des gares, a organisé, sous le patronage de la Société Franklin, un service de livres de circulation qu'elle offre aux bibliothèques communales par caisses d'une valeur de 200 fr., moyennant un loyer de 25 c. par jour, depuis le jour de l'expédition des caisses jusqu'à celui de leur rentrée dans ses magasins, les frais de port restant à la charge des communes.

Cette combinaison, qui serait bonne là où l'on n'aurait pas mieux, ne me paraît pas de nature à devoir être adoptée partout où auront pu se former des Commissions communales, prenant en main la cause de la bibliothèque locale. 25 c. par jour, cela fait 90 fr. par an, avec une fraction que je néglige ; ce qui représente, et au delà, pour l'éditeur, les frais de fabrication de livres cotés 200 fr. sur son catalogue. Un homme parfaitement au courant de toutes les questions de librairie, déclarait, à ma connaissance, qu'il se faisait fort de fournir en location autant de fois 200 fr. de livres qu'on le voudrait, à raison de 25 c. par jour, sous la condition de les abandonner en toute propriété aux locataires à la fin de la seconde année, et il n'est pas un éditeur qui ne soit prêt à accepter ce marché-là.

Il y aurait donc lieu de réduire d'abord ce chiffre de location, qui n'est réellement pas assez philanthropique. Mais ce n'est pas tout. Avec le double port d'aller et retour, grevé du loyer des jours perdus en route, nos communes paieraient leurs livres loués plus de 100 fr. par an, sans parler des frais inévitables de remplacement et de réparation; et qu'auraient-elles au bout de l'année? Rien. Ce n'est pas avec cela qu'on peut créer un noyau de bibliothèque communale destiné à se grossir avec le temps. Il y a ici, tout autour de Beblenheim, quatre communes : Ostheim, Guémar, Hunawihr et Mittelwihr, qui ont déjà voté chacune une allocation de 100 fr. pour leur bibliothèque. Dans dix ans, par le seul fait de l'allocation municipale, si elle se renouvelle d'année en année, comme tout porte à le croire, ces communes auront une bibliothèque qui commencera à devenir sérieuse. Avec le système des caisses de circulation, elles n'auraient que les livres de rebut laissés en compte par l'expéditeur pour raison d'avaries majeures, et l'on aurait dépensé plus de 100 fr. chaque année. On dira que la commune pourra rentrer dans ses déboursés en sous-louant les livres aux habitants. Il ne faudrait pas toujours s'y fier; mais qu'importe? Sortis de la Caisse municipale, sortis de la poche des habitants, ce seront toujours 100 fr. sortis de la commune, sans laisser rien d'utile à leur place. Ne voit-on pas d'ailleurs qu'une bibliothèque, réduite à vivre du produit des locations, se trouvera dans des conditions fiscales directement contraires au but de l'institution qui est assez clair. Il ne s'agit pas d'avoir des lecteurs pour gagner de l'argent, mais de dépenser de l'argent pour avoir des lecteurs. A tout prendre, si l'on veut parler de produit, les livres achetés rapporteront tout autant que les livres loués. Ce sera bientôt fait d'avoir 200 fr. de livres. En admettant la remise de 30 °/₀, on les aura pour 140 fr.

Ce système, je le répète, peut rendre de grands services là où l'initiative locale serait insuffisante. Il dispense, en effet, de tout embarras, et ne prend d'argent qu'au jour le jour, sauf à faire défaut tout à coup si l'argent vient à manquer.

C'est du pain tout cuit chez le boulanger, pour me servir d'une comparaison de campagne ; on en est quitte pour le payer plus cher que si on l'avait fait soi-même. Mais dans les communes qui sauront faire elles-mêmes leur pain intellectuel, je ne vois qu'une manière raisonnable d'utiliser les caisses de circulation.

Les besoins de lecture sont incomparablement plus grands à la campagne dans la saison d'hiver où les travaux se trouvent interrompus. Il pourra y avoir avantage sérieux dans les premières années, alors que le fonds communal de livres ne sera pas encore bien riche, à les appeler comme renfort pendant les jours de chômage. Les livres loués s'en retourneront après l'hiver, comme le cheval de renfort après la côte, et la maison de librairie n'y perdra rien probablement, car il y a tout lieu de supposer qu'ils ne s'en retourneront pas tous. On achètera bien souvent ce qui aura plu.

Le procédé est excellent pour faire connaître aux gens de la campagne ce qui peut leur plaire, et donner la chose à décider aux seuls juges compétents, aux gens eux-mêmes. J'en demande bien pardon à ceux qui voudraient prendre la peine, pour le peuple des campagnes, de goûter d'avance ce qu'on lui laisserait manger. Il sera quelquefois moins timide, et quelquefois aussi plus sévère qu'eux, sur le choix des livres destinés à la communauté, et je sais plus d'un livre estampillé qui scandaliserait si j'allais en faire hommage à la bibliothèque de Beblenheim.

Il est du reste une remarque qu'ont pu faire tous les hommes qui se sont occupés pratiquement de la question, c'est que les livres qui se donnent les airs ambitieux d'être écrits pour le peuple, sont de ceux précisément que le peuple chez nous ne lit presque jamais, que ce soit de sa faute, ou de la leur, je n'oserais pas trop le décider. Il lit de préférence les livres écrits pour tout le monde, quand il peut les comprendre et qu'ils l'intéressent, et bien fin qui saura mieux que lui ce qui l'intéresse et ce qu'il comprend. J'y ai déjà été trompé, et je me sens plein de modestie pour mon compte sur ce chapitre-là.

Cette faculté donnée au public des campagnes de prendre des livres à l'essai sera donc précieuse à ce point de vue, si précieuse que je voudrais voir les autres éditeurs s'arranger pour avoir aussi leurs caisses de circulation qu'ils feront examiner, si l'on veut. Commercialement parlant, c'est une question de libre concurrence. Nos bibliothèques ne peuvent qu'y gagner, et je ne vois pas pourquoi on laisserait s'établir ici un monopole.

Les ouvrages indiqués jusqu'à présent comme devant composer ces caisses de circulation, appartiennent, il est vrai, en majorité au genre dit de *récréation;* mais ce n'est pas un mal. La proportion est à peu près la même sur la liste de livres que j'ai empruntée à la bibliothèque de Dornach. On ne doit pas craindre dans les premiers achats de faire une large part aux livres de récréation. Tous les témoignages que j'ai pu recueillir sont unanimes sur ce point que ces sortes de livres sont presque les seuls qui soient demandés au commencement. Il serait puéril de s'attendre à voir ceux qui n'ont jamais lu, courir dès l'abord aux livres d'instruction proprement dite. L'enfance est pour les friandises, que ce soit l'enfance du corps ou celle de l'esprit, et les livres attrayants auront toujours au début le pas sur les autres. Il faut en prendre son parti, et bien se dire que l'important pour aujourd'hui c'est de répandre l'habitude de la lecture. Qui a lu, lira.

Reste enfin la question des livres donnés qui n'est pas la moins sérieuse, car l'avenir des bibliothèques communales est surtout à mes yeux dans l'affluence des dons particuliers, une fois que l'institution se sera généralisée, popularisée, et que chaque commune aura pris à cœur sa bibliothèque. La classe aisée des campagnes, et il y en a une qu'on oublie trop souvent, cette classe se prêtera d'autant plus volontiers à enrichir le fonds commun de livres, qu'elle est appelée elle-même à en profiter avant qu'il soit longtemps, et qu'elle trouvera là une ressource plus précieuse encore peut-être pour ceux dont l'éducation a été ébauchée dans les collèges et les pensionnats, que pour ceux qui sont complétement illettrés. Il faut penser à tout quand on parle des campagnes. Elles ont aussi leur bourgeoisie qui ne vit pas précisément du travail de ses mains, dont les loisirs pourraient être quelquefois plus fructueusement occupés, et dont les besoins d'instruction grandiraient vite si les moyens d'étude étaient mis de plus près à sa portée. Il faudrait que celle-là eût sa part dans les nouvelles bibliothèques, et cette part elle peut très-bien se la faire elle-même. Naturellement on doit aller au plus pressé, et viser surtout dans les achats aux besoins présents de la classe pauvre. On opère avec un argent sacré qui lui appartient. Les dons ont plus de latitude, et peuvent s'adresser à d'autres qu'aux journaliers.

C'est pour cela que la Commission de Beblenheim n'a pas craint d'accepter à l'occasion des ouvrages assurément trop forts pour la plus grande partie des lecteurs de la commune, et n'a décliné que les offres compromettantes. Ce qui peut servir à quelques-uns seulement n'est pas perdu, pas même pour les autres. N'y eût-il que l'instituteur à en profiter, toute une génération n'en bénéficierait pas moins des facilités d'instruction données à un seul.

De quoi est-il question d'ailleurs dans l'établissement des bibliothèques populaires? De relever le niveau intellectuel des classes laborieuses. Il faut donc admettre qu'il est appelé à se relever. Si tardive qu'on puisse supposer l'arrivée de ce progrès inévitable, celui qui donne a de la marge devant lui. Les communes vivent longtemps.

A qui serait tenté de se décourager d'avance, et ne verrait pas bien l'utilité possible d'une centaine de francs dépensés aujourd'hui en livres qui peut-être ne seront pas tous parfaitement compris, je ne saurais que répéter ce que j'écrivais le lendemain du jour où j'étais allé trouver le maire de Beblenheim, mes douze volumes sous le bras, pour lui proposer de commencer une bibliothèque :

« [1] Le jour viendra, il serait triste d'en douter, où le cultiva-

[1] *Courrier du Bas-Rhin*, 29 janvier 1863.

teur, assis le soir devant sa porte, pourra parler avec ses voisins de toutes les grandes conquêtes de l'esprit humain. Ce jour-là, ce ne sera pas sans reconnaissance qu'on prononcera dans une commune le nom des fondateurs de sa bibliothèque. »

Beblenheim, 23 janvier 1864.

JEAN MACÉ.

Strasbourg, typographie de G. Silbermann.

Contraste insuffisant

NF Z 43-120-14

www.ingramcontent.com/pod-product-compliance
Lightning Source LLC
LaVergne TN
LVHW020452230826
846091LV00008BA/3155

* 9 7 8 2 0 1 3 5 8 2 5 6 8 *